ORÁCULO I
Lung Ten

ORÁCULO I
Lung Ten

108 predições do
Lama Gangchen Rinpoche
e de outros mestres
do budismo tibetano
para ler, escutar, refletir e meditar

Compilado por
Bel Cesar

A religião do futuro será uma religião cósmica. Deverá transcender a noção de um Deus pessoal e evitar dogmas e a teologia. Abrangendo tanto o campo natural como o espiritual, deverá basear-se num sentido religioso que surge da experiência significativa da unidade de todas as coisas naturais e espirituais. O budismo responde a esta descrição... Se existe alguma religião que pode fazer frente às necessidades científicas modernas, essa religião é o budismo.

Albert Einstein

Prefácio

Muitas vezes, sentimo-nos inseguros, confusos ou perturbados por circunstâncias interiores ou exteriores, e por isso não conseguimos encontrar clareza e determinação ou focalizar aquilo que é essencial. Essas próprias sentenças simples servem-nos de sábia companhia espiritual, ajudando-nos na reconexão com nossa energia de paz, pura como cristal, que nos permite sermos calmos, estáveis e claros, possibilitando-nos assim encontrar com mais facilidade soluções para nossas dificuldades e desenvolver a compreensão e a compaixão pelos demais.

Alegro-me com esta segunda edição em língua portuguesa das 108 predições publicadas como ORÁCULO I – LUNG TEN. Desde a primeira edição, em 1994, muitos têm infor-

mado que se beneficiaram com esses conselhos simples, e espero que muitos outros possam encontrar ajuda, soluções ou apoio usando este livro.
Gostaria de agradecer em especial a Bel Cesar, Editora Gaia e a todos que colaboraram na preparação desta edição.

> Inner Peace *é a mais sólida*
> *Fundação de Paz Mundial*

Muito obrigado.

Milão, Lua cheia, 16 de abril de 2003
T.Y.S. Lama Gangchen
Lama Tibetano de Cura
Fundador da Lama Gangchen World Peace Foundation
UN-NGO

Prefácio À 1ª Edição

Por T.Y.S. Lama Gangchen Rinpoche
Fundador da Lama Gangchen World
Peace Foundation

Estive no Brasil oito vezes, nas primeiras vinha apenas visitar amigos e atender alguns pacientes. Depois fundamos o Centro de Dharma da Paz Shi De Choe Tsog e organizamos muitos eventos, cursos, conferências e palestras, principalmente graças à gentileza, boa motivação e apoio de Bel Cesar e de muitos outros amigos, como Claudio Cipullo, que, por grande devoção, sempre ajudou a traduzir os meus discursos.

Meu primeiro livro, *Autocura I*, nasceu no Brasil: é a transcrição de um *workshop* que realizei em São Paulo em 1989. Meus amigos brasi-

leiros do coração captaram a essência de tudo o que eu disse e fizeram este pequeno livro.
Bel é minha amiga, discípula e tradutora há muitos anos. Já viajamos juntos para muitos países e lugares sagrados da Ásia, Europa, Américas do Norte e do Sul. Durante esse período ela registrou num diário as "pequenas conversas" que tive com amigos e pacientes. A partir dessas anotações e de outras, que incluem os conselhos dados por S.S. o Dalai-Lama e outros Lamas tibetanos que visitaram o Centro de Dharma da Paz Shi De Choe Tsog, ela selecionou 108 Lung Ten: predições ou oráculos.
Um oráculo é um canal através do qual podemos obter respostas às perguntas vindas de nossos corações, até mesmo às mais profundas e inexprimíveis. Os Lung Ten oferecem uma nova perspectiva e uma nova solução para nossas dificuldades. Um oráculo pode ser uma pessoa ou qualquer método pelo qual entramos em contato com o nível absoluto e achamos nossa própria sabedoria interna, como cartas, dados, sinais do ambiente ou astrológicos. Os sinais são espelhos

de nosso mundo interior, nossa sabedoria interior e nosso Guru Interior. No início geralmente os Lung Ten são difíceis de compreender, mas se meditarmos sobre o seu significado e não quisermos nos enganar, podemos perceber uma mensagem extremamente relevante para a nossa situação pessoal.

Estes 108 Lung Ten são um método de cura para acalmar a nossa mente quando ela estiver confusa, em dúvida e insegura. Quando uma pergunta ocupa a nossa mente e não conseguimos achar uma resposta para ela, podemos abrir o coração para o nosso Lama-Amigo e abrir o livro em *qualquer* página – o Lung Ten escolhido será a predição ou a resposta à nossa pergunta.

Se pudermos olhar com sabedoria, os oráculos serão uma panaceia, ou um *negyar menchik*, quer dizer, um poderoso remédio que pacifica as 100 doenças do corpo e da mente e cura os 108 pensamentos negativos do nosso "supermercado" de pensamentos negativos. Assim como o primeiro livro da minha série *Autocura* surgiu de um *workshop*, também espero que o *Oráculo I* seja o primeiro de

uma série de oráculos que ofereçam novas soluções para as emoções, a saúde, os negócios, os relacionamentos e os problemas sociais e ambientais de forma acessível e direta, complementando a série *Autocura* e dando respostas às dificuldades das pessoas e novas perspectivas para o caminho da autocura. Isso é possível graças ao poder da verdade, das bênçãos de todos os seres sagrados e a partir do "disquete espacial kármico" de nosso "computador pessoal". Esses "disquetes espaciais kármicos" contêm todas as nossas ações, tanto as positivas como as negativas, com suas causas e efeitos ligados de forma interdependente. As marcas gravadas no disquete de nosso "computador pessoal de espaço interno" surgirão mais tarde como as causas de nossas experiências positivas ou negativas. *Oráculo I* é uma comunicação direta de coração para coração, que sai de mim e se dirige aos meus amigos. Por favor, gostaria que assim o aceitassem.

T.Y.S. Lama Gangchen
Via Marco Polo, 13.
20124 – Milão – Itália
17 de maio de 1994

Introdução

Estas frases foram anotadas em cadernos de viagens, folhas soltas ou permaneceram apenas em minha memória durante estes últimos sete anos em que convivi com meu mestre, o Lama Gangchen Rinpoche. Ao mesmo tempo recebi ensinamentos de outros grandes mestres do Budismo Tibetano, como S.S. o Dalai-Lama, Lama Zopa Rinpoche, Guelek Rinpoche, Chagdug Rinpoche, Gueshe Sopa, Gueshe Jamyang, Gueshe Lobsang Tempa e Gueshe Sherab. Quando mostrei a Gangchen Rinpoche estas frases já compiladas, ele me disse que poderiam ser usadas como um sistema de adivinhação: "Sempre procuramos soluções para nossos problemas; este oráculo será o primeiro de uma série e nos ajudará a

encontrar soluções apropriadas para despertar nosso autodesenvolvimento".

A verdade organiza. Apenas o fato de escutá-la já produz um efeito positivo em nosso interior. Ajuda-nos a ter novas ideias, tomar decisões, superar situações difíceis, transformar tristeza em paz, medo em perseverança, dúvida em autoconfiança. Por trás de cada frase há uma experiência. São frases para serem vividas.

Bel Cesar
São Paulo, abril de 1994

Dedicação

Dedico este livro à longa vida de meu mestre
e amigo Lama Gangchen Rinpoche e de todos
os mestres espirituais. Possam seus ensinamentos
se espalhar nas dez direções, para que haja
paz interior e exterior agora e sempre.

Pelo poder da verdade,
paz e alegria agora e sempre.

Procure sempre
ter a mente confortável.

O importante é sua mente aceitar
o que você está fazendo.

Certa vez, na Malásia,
Rinpoche nos mostrou um
monge que havia queimado
o próprio dedo como forma de
oferenda. Fiquei chocada
e perguntei:
"Mas não dói?"
Rinpoche disse:
"Aquilo que
a mente aceita, não dói".

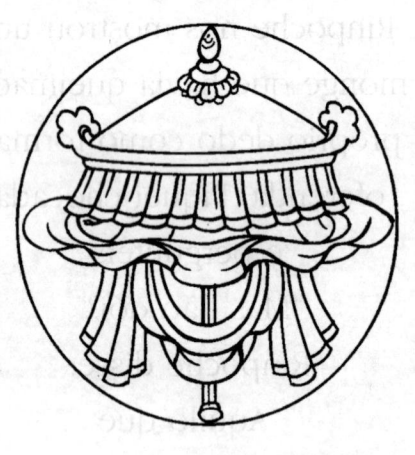

Identifique-se com as soluções,
não com as confusões.

O mesmo obstáculo
que faz você cair, serve depois de
apoio para você se levantar.

Se cometemos
erros, isso não significa
que estamos derrotados.
As práticas
de purificação estão aí
para nos ajudar.

O pior sofrimento
é o apego ao sofrimento.

Não negue o sofrimento.
Procure conhecer a sua natureza.

Nada nos condena a sofrer.
Se investigarmos a natureza
do nosso sofrimento, descobriremos
que a situação que nos causa dor
pode ser separada do próprio
sofrimento.

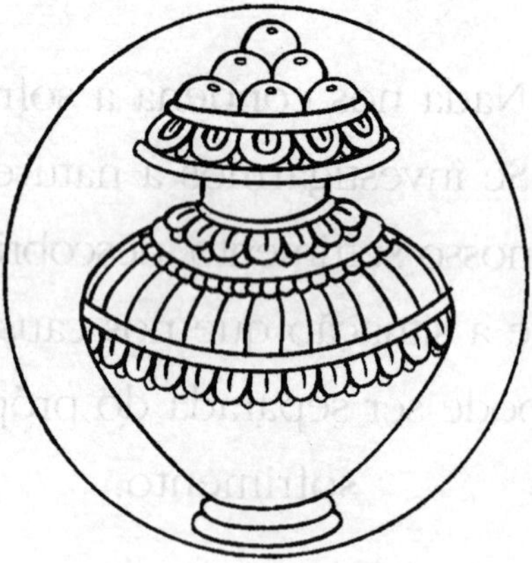

O principal ensinamento
espiritual é aquele que nos mostra
como ter uma nova atitude
frente ao sofrimento.

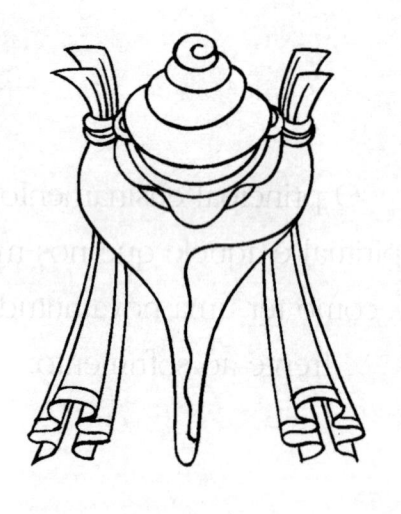

Não se apegue nem rejeite,
então tudo será claro.

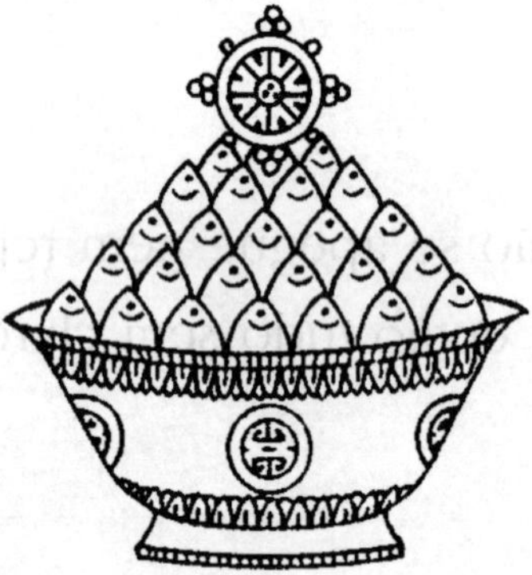

A dúvida cria obstáculos para
tudo o que é positivo e,
em particular, para a percepção
da verdade.
Quando nos damos conta
da verdade, superamos a dúvida.
Portanto, temos que abandonar
as desculpas que nos impedem
de aceitar a verdade.

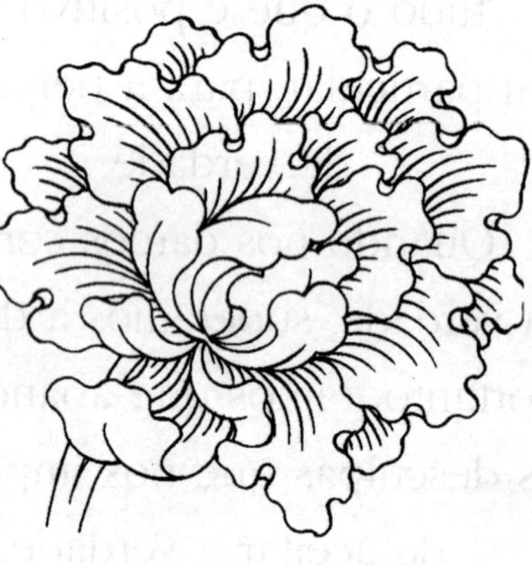

Não devemos confiar em algo,
e sim no estado de confiança.

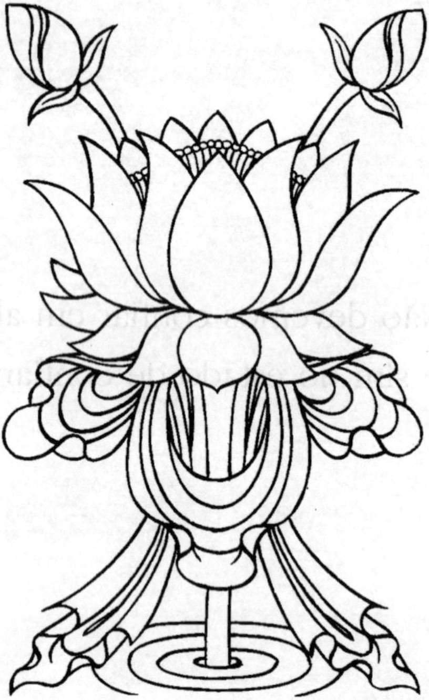

Nossa felicidade não
acabará se criarmos continuamente
causas positivas. Por isso, não há
porquê ter medo de ser feliz.

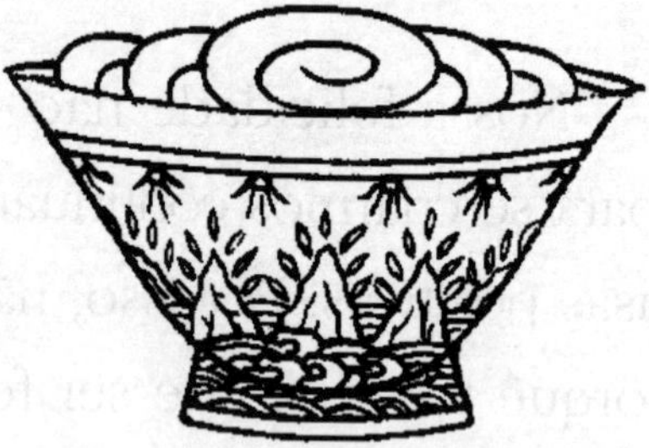

Rinpoche nos lembra:
"Para fazermos coisas negativas
não temos preguiça, mas para
realizarmos as positivas precisamos
de muita força de vontade".

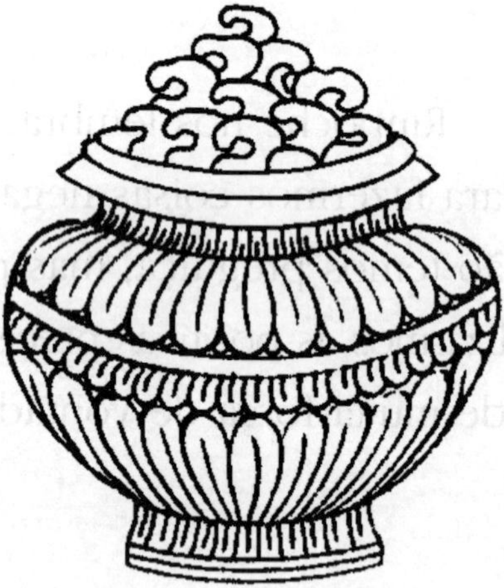

Esforço sem perseverança cansa.
O importante é saber sempre
para onde vamos e porquê
nos esforçamos.

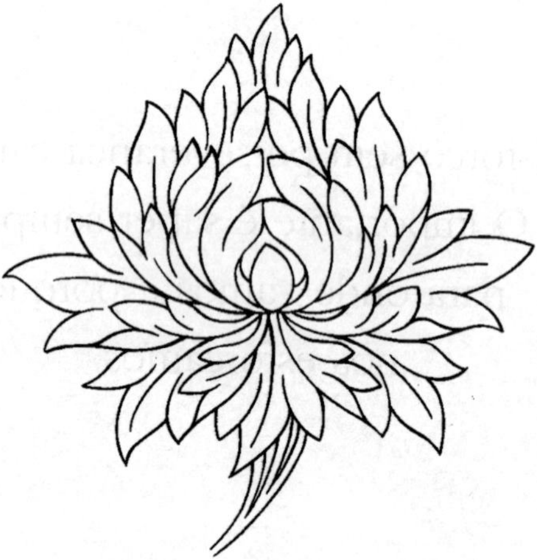

Não é suficiente ficar triste
por algo negativo que fizemos.
O que de fato adianta é criar
o compromisso de não repetir
a causa dessa tristeza.

Para entrarmos no
caminho espiritual é preciso,
primeiro, prestar muita atenção
ao que estamos fazendo.
Em seguida, observar o que faz
bem e o que não faz bem – tanto
para nós como para os outros
– e depois, renunciar ao que
não é verdadeiramente bom.

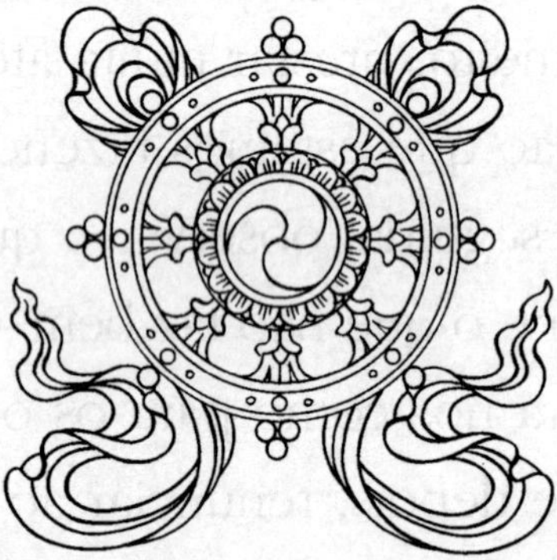

A busca interior nos encoraja
para a vida, pois é a verdadeira
razão da existência.

Sem o crescimento
interior nos tornamos escravos
das coisas externas.

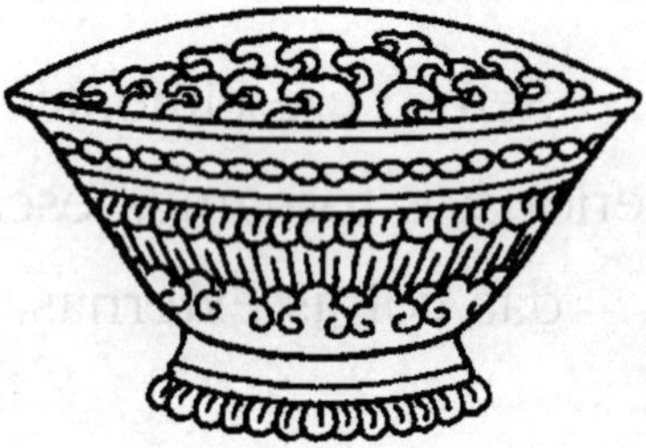

Em Borobudur,
na Indonésia, Rinpoche disse:
"O Samsara seria insuportável
se não tivéssemos o significado
do Nirvana em nosso
dia a dia".

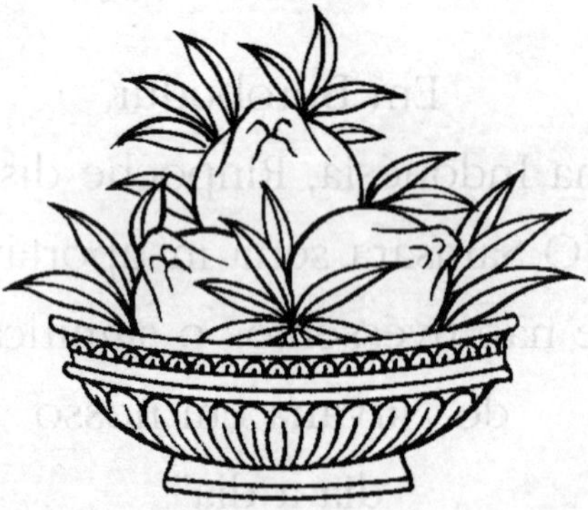

O Vazio é pleno de beatitude.

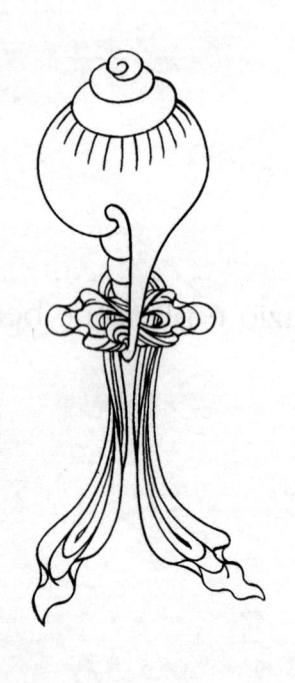

Absorver a confusão
do outro diminui seu espaço
interno. Confie na sua capacidade
de ficar consigo mesmo.
Mas não se identifique demais com
suas ideias para não se iludir.

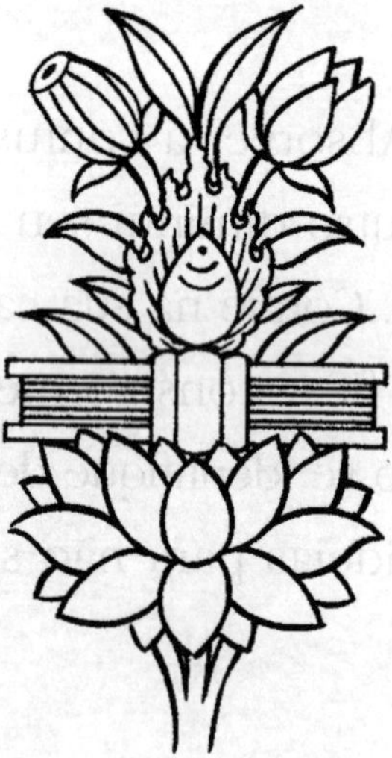

Há muito espaço à nossa
volta mas estamos sempre
nos debatendo e tropeçando
em barreiras criadas por nossos
próprios defeitos mentais.

No absoluto somos uma só mente,
um só *continuum* mental.

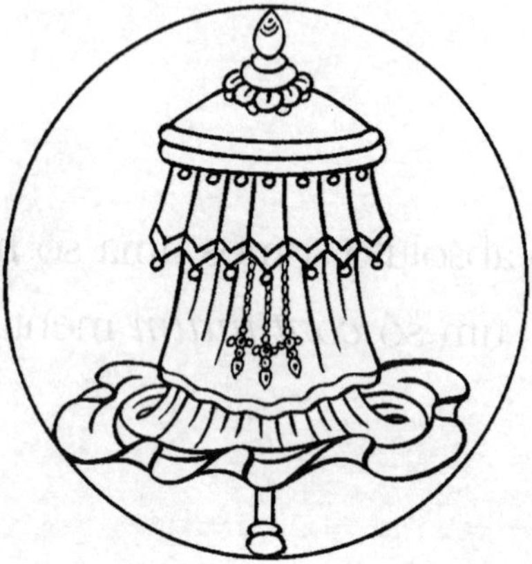

A união é energia inseparável.

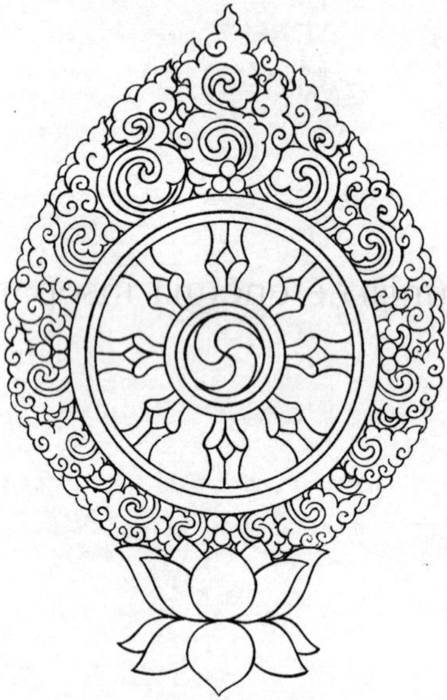

Quando os seres sagrados
querem enviar alguma mensagem
para o nosso Mestre interior, a
nossa natureza pura, usam uma
linha direta que ainda não
conhecemos. Por isso precisamos
de um Mestre exterior, alguém
capaz de intermediar essa
comunicação.
É importante não perder
o sentido da conexão entre
o Mestre interior e o Mestre
exterior. O Mestre exterior é um
mensageiro; o Mestre interior
é a Verdade.

O Mestre ajuda você
a se encontrar, a sentir
sua natureza pura. Como uma
lente de aumento, que acende
o fogo da paz ao focalizar
o sol da verdade
em seu coração.

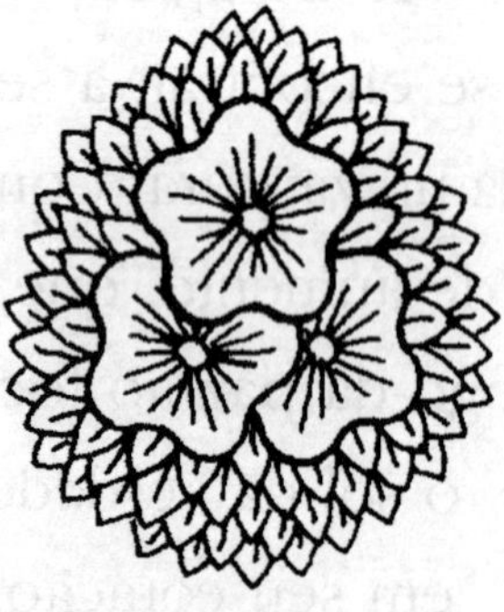

O Mestre interior
será encontrado assim que
tivermos eliminado nosso
sofrimento com a ajuda
do Mestre exterior. Pois é
conhecendo a natureza de nossa
mente que encontramos
a chave para confiarmos
em nós mesmos e
sermos totalmente responsáveis
por nossa felicidade.

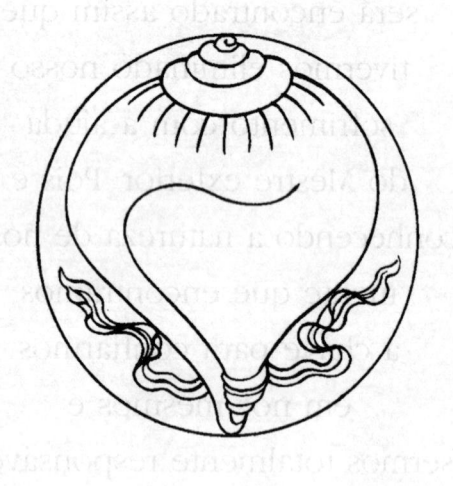

Os Seres Iluminados
e o nosso Mestre não podem
eliminar nossas impurezas,
mas mesmo assim nos observam
dia e noite e nunca nos
abandonam. Com as práticas
de Autocura criamos condições
para eles nos ajudarem.

Um mandala é um grande
supermercado espiritual onde só
podemos comprar coisas boas.
Todos os dias precisamos observar
se nossas "compras" nos têm
trazido benefícios ou não.

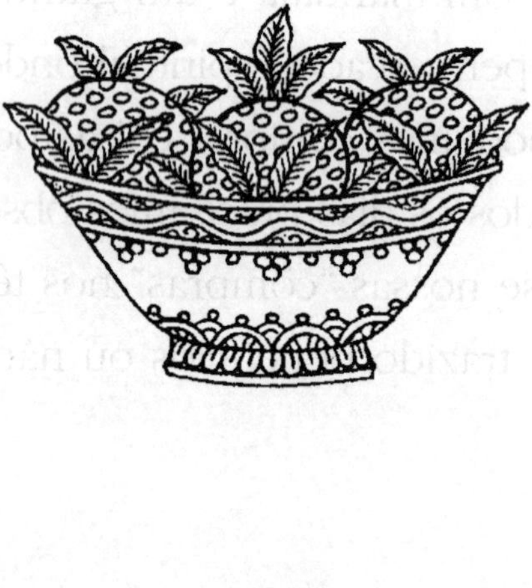

Numa entrevista
perguntaram ao Lama Gangchen
Rinpoche: "Qual é o seu segredo
para estar sempre sorrindo
e ter as pessoas à sua volta
sempre felizes?" Rinpoche
respondeu: "É o contrário
de ter um segredo.
Estou sempre mostrando tudo o
que tenho dentro de mim".

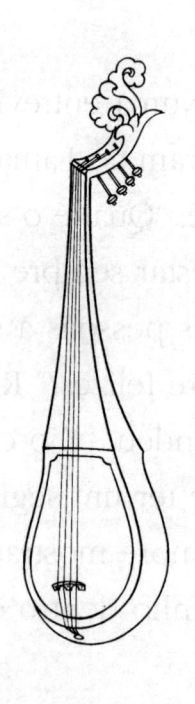

Não basta ser simpático
com as pessoas; é preciso fazer
bem a elas.

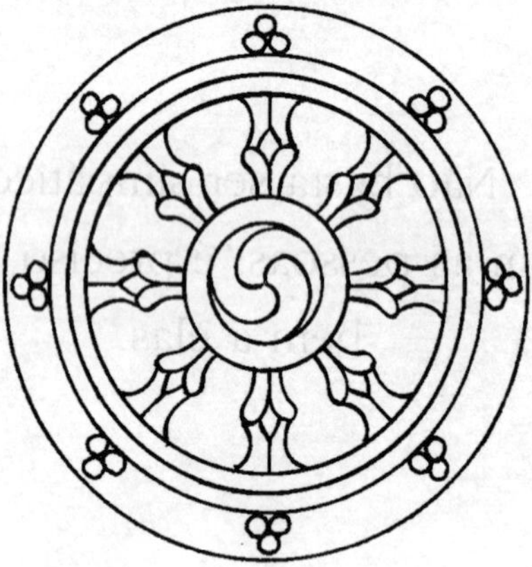

Para ajudar uma pessoa
é preciso que ela tenha um projeto
no qual queira ser ajudada.

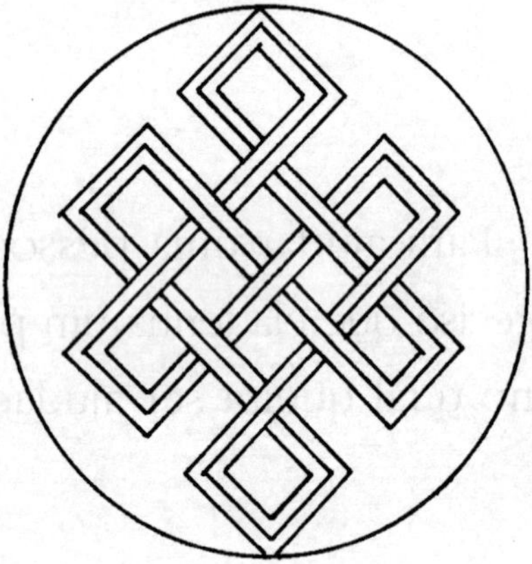

São inúmeras as vezes
em que precisamos fazer as coisas
por nós mesmos; porém, isso
não quer dizer que possamos
fazê-las sozinhos.

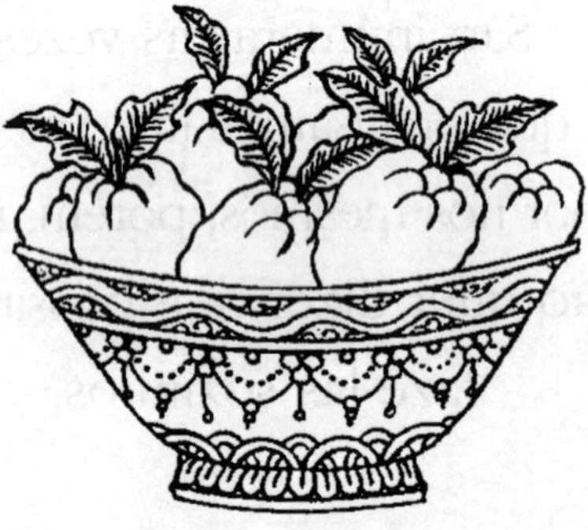

Como manter a mente limpa?
Tendo coragem, entusiasmo
e determinação para ajudar
os outros.

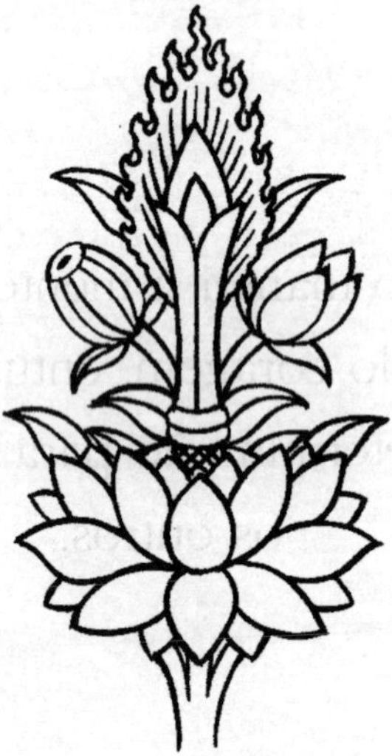

A amizade espiritual é aquela
em que você, apesar de reconhecer
as negatividades do outro,
se sente atraído pelas suas
positividades. Assim, você
responde sempre ao potencial
de crescimento de seu amigo e não
às suas negatividades.

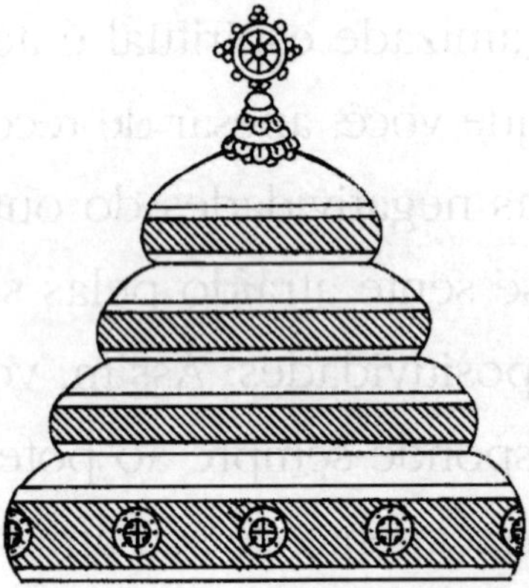

Quando sentimos
compaixão por alguém, ficamos
logo curiosos para saber o que lhe
causou sofrimento.

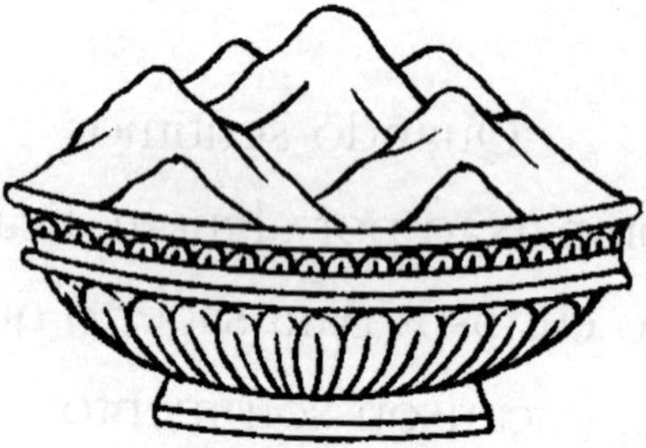

Fazer os outros rirem também é uma forma de acumular méritos.

Dar felicidade? Só com felicidade.

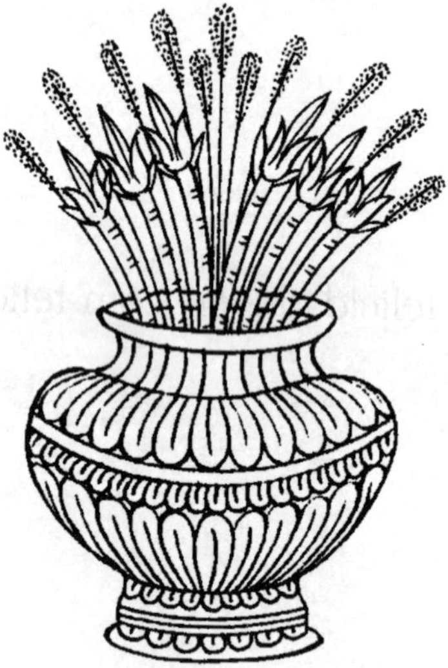

Tudo o que não é
oferecido se perde.

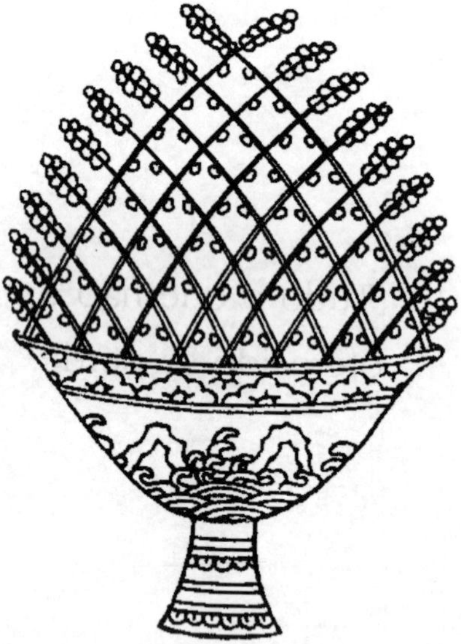

Só enfrente um inimigo
quando você estiver mais forte
que ele. Até lá, continue se
fortalecendo.
Lembre-se: nosso maior inimigo
é o egoísmo.

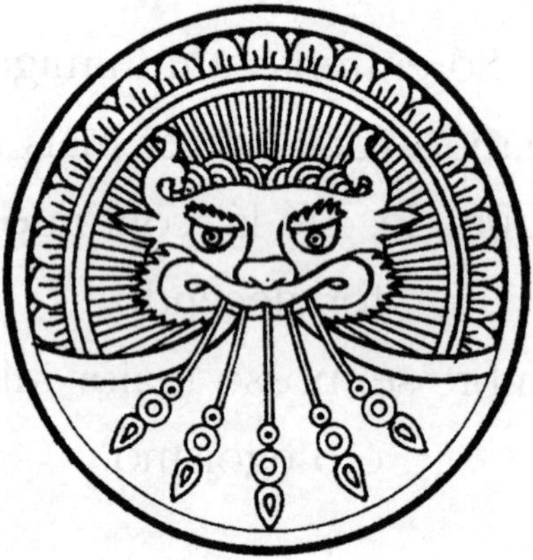

Respeite o seu limite
de crescimento a cada dia.

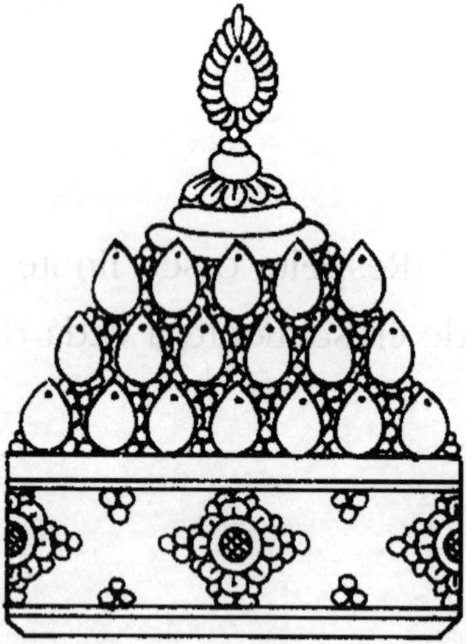

O antídoto para o apego
é a mente que se dá por satisfeita.
Viva com muita satisfação qualquer
momento de sua vida.

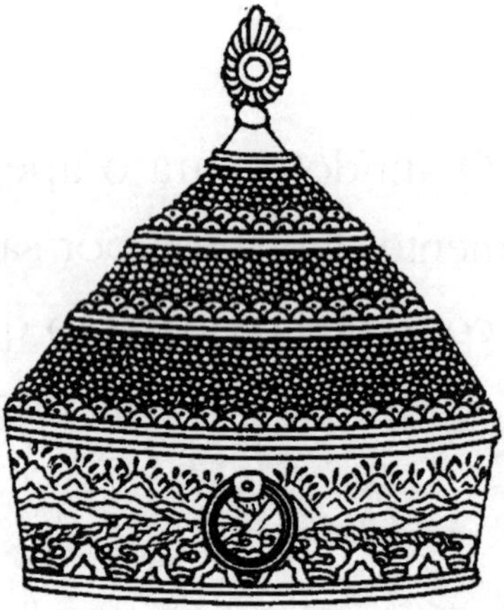

Estar desapegado é estar
mais solto e menos preocupado.
Para isso não é preciso renunciar
a tudo, mas ter uma relação
mais relaxada, e não tensa,
com o mundo interior
e o mundo exterior.

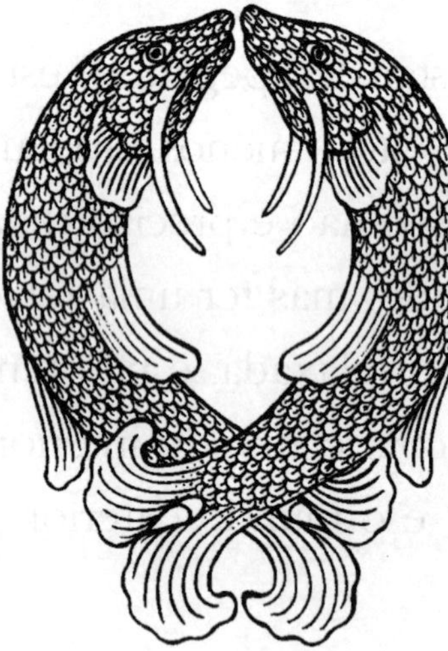

O ato de renunciar
só se dá quando não estivermos
mais sob a influência de alguém
ou daquilo que se deixou.

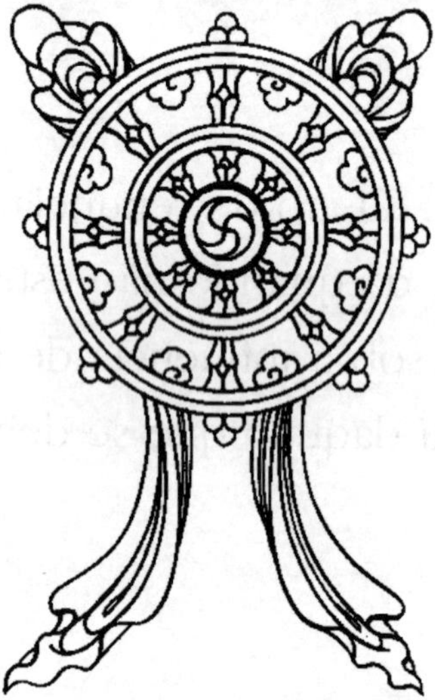

Se você escuta algo que
não é positivo, não deve deixar
que entre e permaneça em sua
mente. Da mesma maneira
deve agir com relação a seus
pensamentos – manter os positivos
e descartar os negativos.

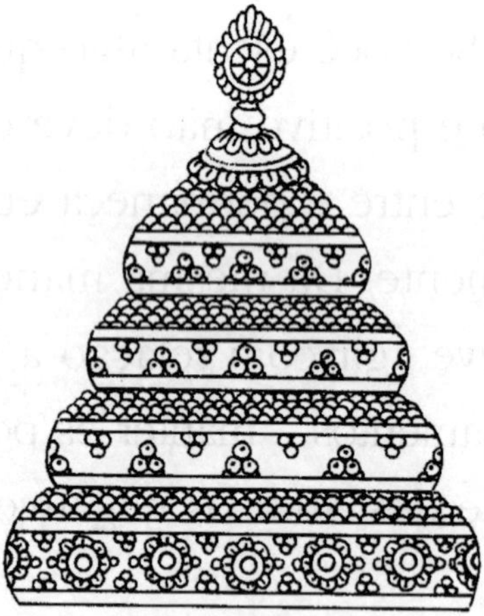

Como se libertar das dores do passado? Refletindo sobre a experiência vivida com arrependimento e regozijo. Arrependimento é a determinação de não querer repeti-las e regozijo é a alegria causada pela determinação de livrar-se delas.

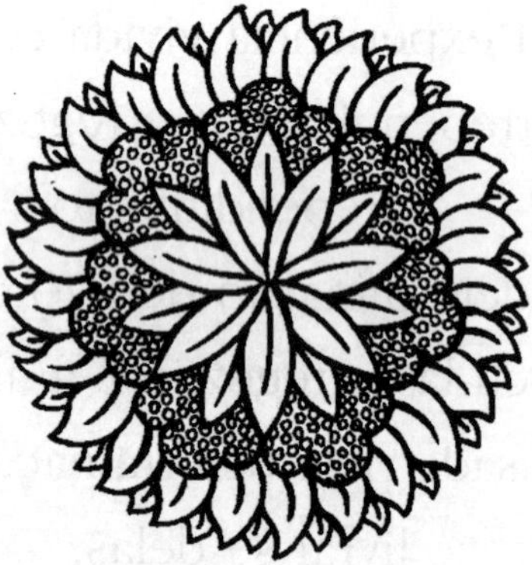

Se dermos um direcionamento
positivo para a nossa mente, todas
as pessoas surgirão como amigos
para nos ajudar.

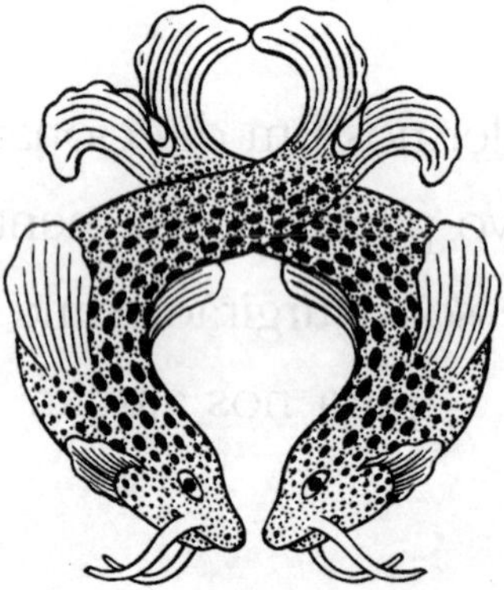

Não é bom ter dúvidas;
porém, precisamos saber
continuamente para aprofundar
nossas certezas.

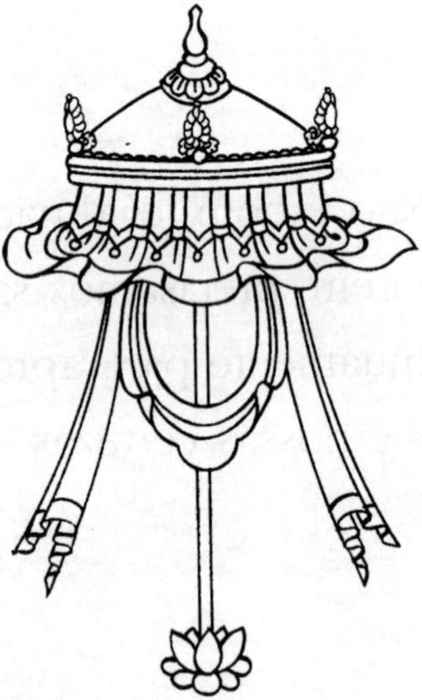

É bom falar das
coisas boas que fazemos.
Isso só será negativo se,
quando estivermos falando,
nosso coração começar a doer,
um sinal de orgulho, arrogância
ou superioridade, sentimentos
que afastam as pessoas
de nós.

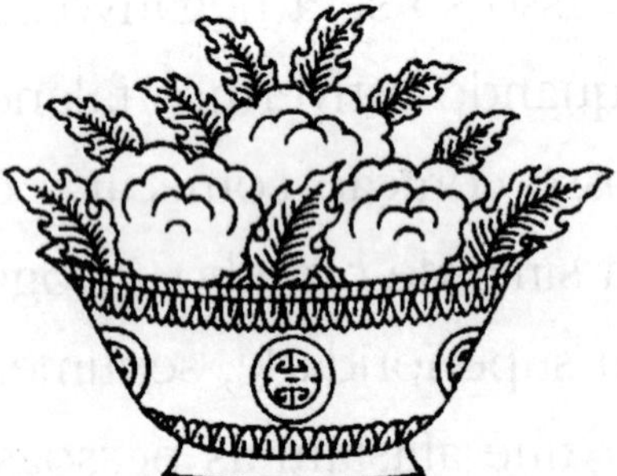

Ter a mente relaxada
faz bem para você mesmo e para
os que estão a sua volta.

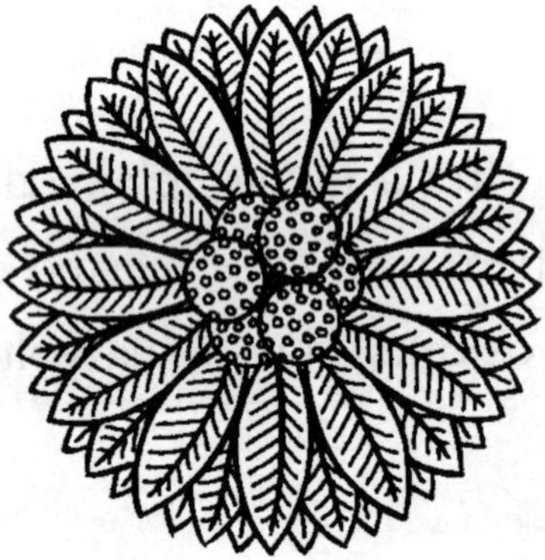

Respire para descansar a mente.

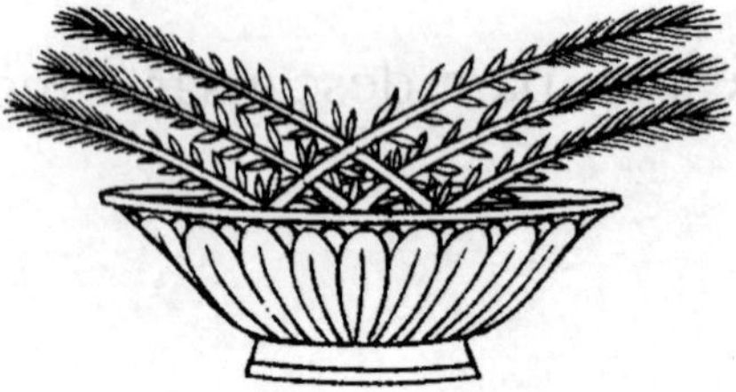

Aquilo de mais divino
que pode nos acontecer é fruto
da neutralidade e da paz interna,
que estão além do medo
e da esperança.

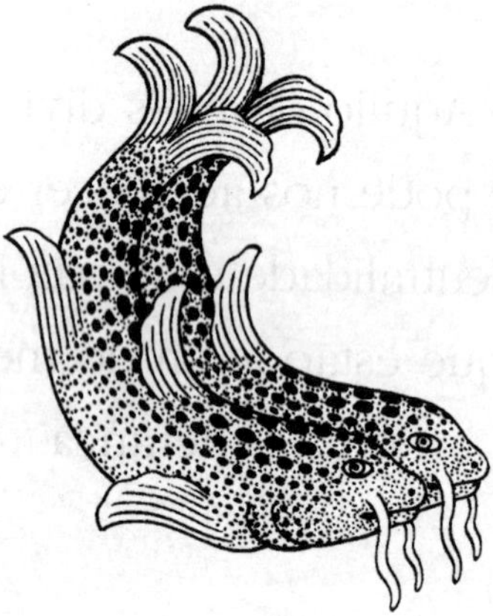

Se surgir um pensamento
confuso enquanto estivermos
meditando, devemos reconhecê-lo
apenas como um engano,
uma ilusão.

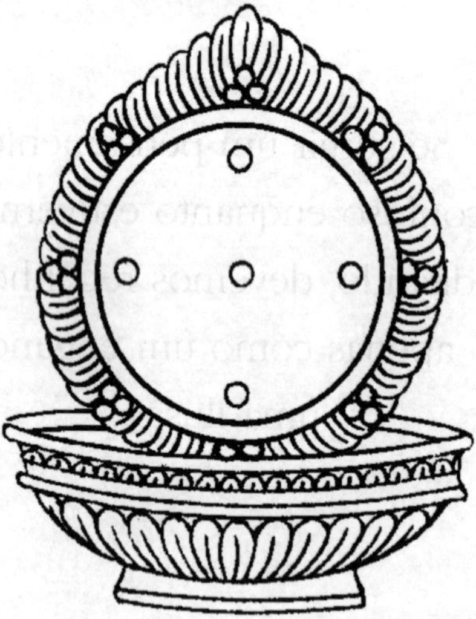

Controlar a mente
quer dizer observá-la e não
bloqueá-la. Quando abandonamos
o hábito de julgar, criamos espaço
para sentir a mente livre de
dualidades e contradições.

Insights
são movimentos rápidos que
ocorrem em nossa mente.
A estabilidade é fruto de um
processo conquistado
lentamente.

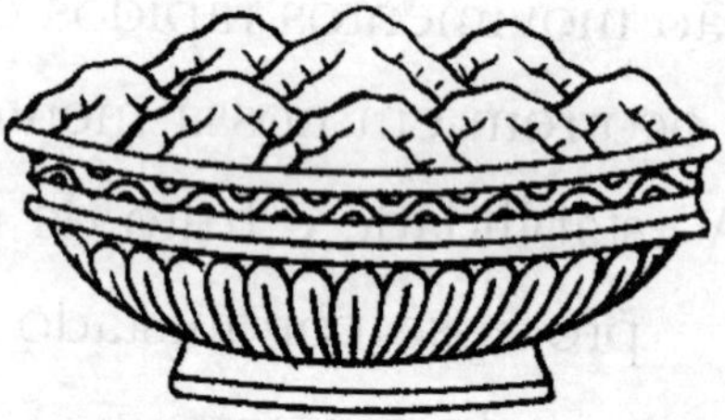

Certa vez estávamos
aflitos porque Rinpoche precisava
colocar um remédio, que
ia arder muito, em uma ferida
que tinha no pé. Mas ele disse:
"A dor não é problema, o
importante é o resultado".

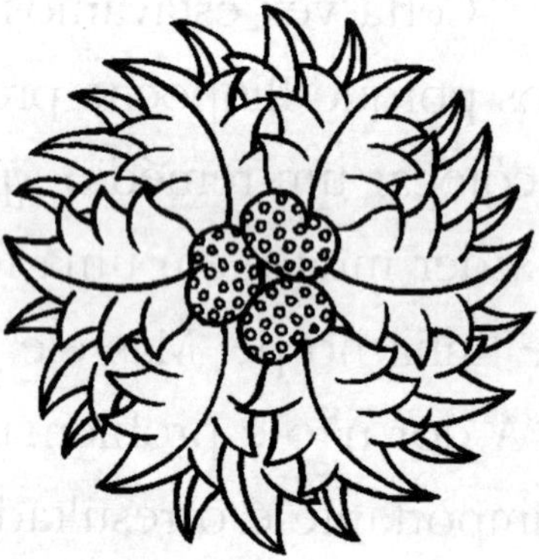

É preciso ter experiências
positivas para querer repeti-las.

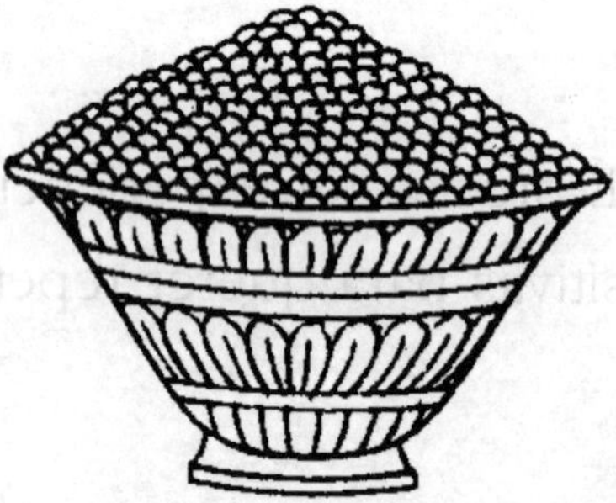

Como remover da mente
os *imprints* negativos?
Recriando nosso karma: buscando
experiências positivas e não
repetindo as negativas.

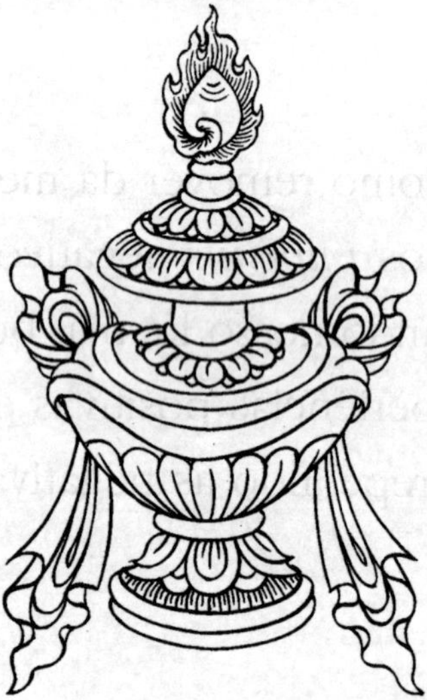

Focalizando a mente
no que vai bem e alegrando-nos
com o que há de positivo,
podemos viver em paz qualquer
mudança.

Mova-se para o futuro.
Confie nele.

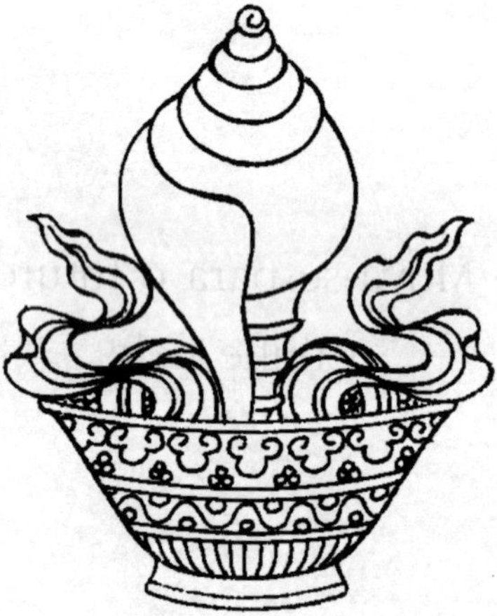

Para sair do sofrimento,
precisamos antes de tudo aceitar
a situação em que nos encontramos
e, então, reconhecer, no poder
da determinação, a saída por
onde queremos ir.

Para saí do sofrimento,
precisamos reconhecer
a situação em que nos encontramos
e, em seguida, ter o poder
da determinação seguida por
onde queremos ir.

Quando iniciamos algo, os primeiros obstáculos são as maiores bênçãos que podemos receber, pois nos dão a chance de criar uma base sólida. Se no início um projeto vai bem e só mais tarde surgem as dificuldades, pensamos: "Sabia que não ia dar certo, estava bom demais para ser verdade". Assim, desistimos por não ter uma boa base que sustente as dificuldades.

Mas se reconhecermos as primeiras dificuldades como bênçãos, ao surgirem outras, pensaremos: "Depois do que já enfrentamos, isso é fácil". É importante não ter dúvidas e continuar.

Enfrente os problemas
ou será destruído por eles.

Lidar diretamente
com o problema é aproveitar
a preciosa oportunidade
de resolvê-lo.

(x)

O primeiro passo para
sair de um problema é criar
uma forte determinação
de ficar livre dele.
Essa determinação deve ser
feita mesmo quando ainda se
está preso ao problema.

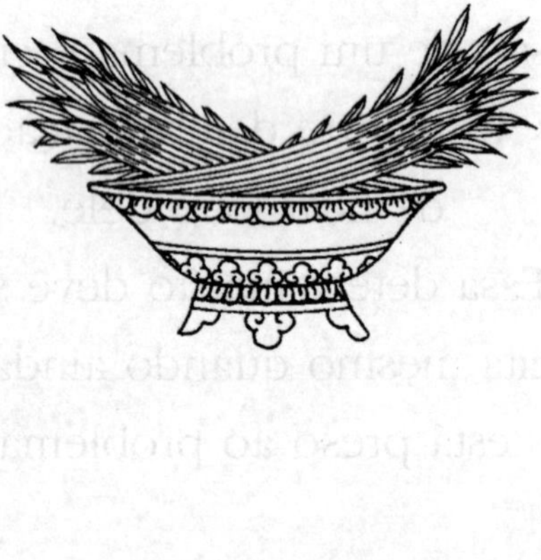

A cidade parece estar em guerra. Os sons, a tensão... Você explode se deixar tudo isso entrar em sua mente. O som que entrar, deixe sair. Faça o mesmo com seus pensamentos. Se um problema vier pela direita, deixe a direita. Se vier pela esquerda, deixe a esquerda. "Mas o que fazer quando um problema nos pega de surpresa?", perguntei. Rinpoche respondeu: "Se você estiver dirigindo numa estrada e encontrar uma avalanche de neve, pare e retire a neve – coloque um pouco à direita, um pouco à esquerda. Assim a estrada ficará livre novamente". Você deve fazer o mesmo com seus problemas.

Depois de solucionar
um problema, não se esqueça
de dizer *bye bye* para ele.

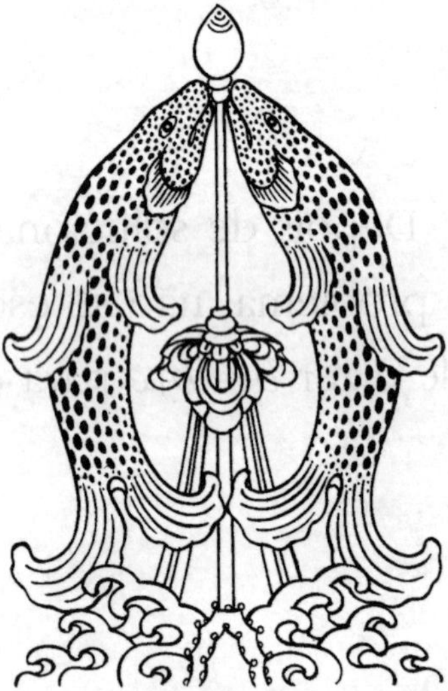

A paciência é uma virtude.
Com ela nada será perdido.

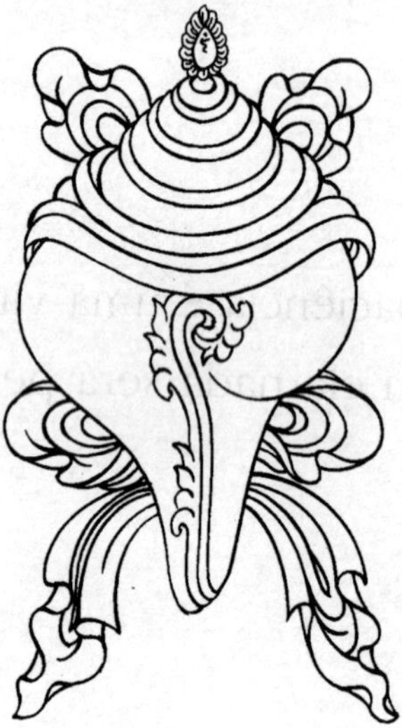

A paciência jamais espera.
Com ela sentimos o espaço
e nada nos surpreende.
Não tememos novas situações
e temos um relacionamento
que flui com o mundo, sem
combates ou resistência.

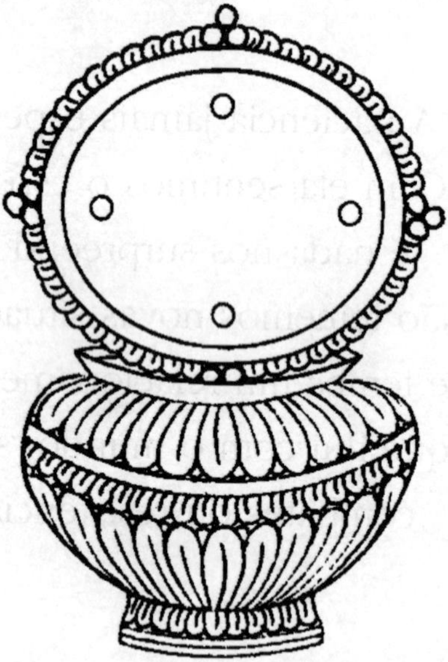

Uma vez estava muito
magoada com algo que um
amigo me dissera, então Rinpoche
falou: "Não escute as palavras,
elas são apenas a mente.
Escute além das palavras.
Assim, você vai encontrar
o coração, e, de coração para
coração, algo acontece.
Passo a passo".

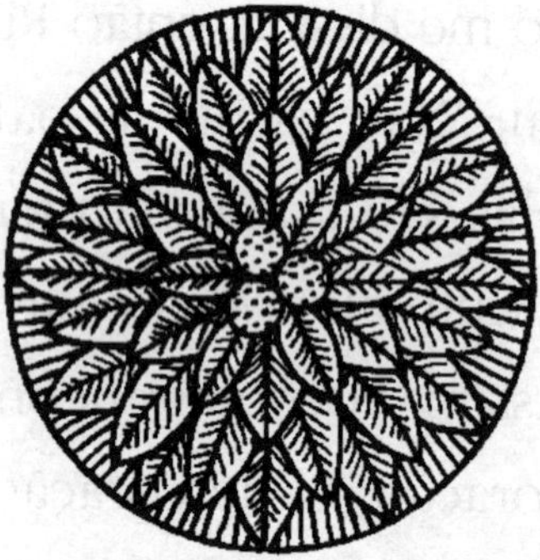

A negatividade se origina
do descontentamento.
Mas muitas vezes procuramos
a origem desse descontentamento
no lugar errado.

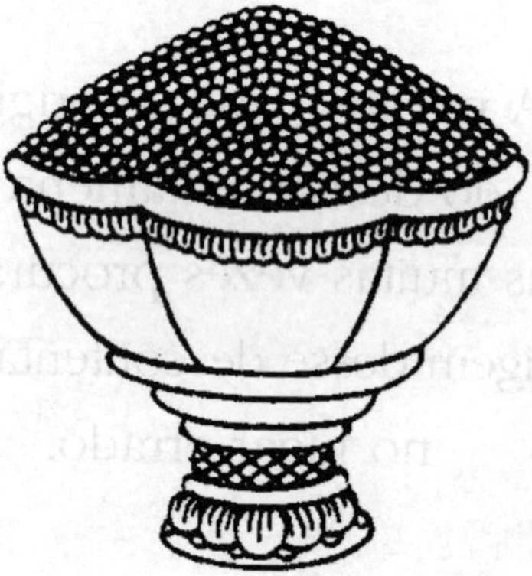

A prática dos mantras,
em si, não diminui a raiva,
mas purifica seus danos. Para
diminuir o impulso de seguir
a raiva, precisamos reconhecer
o poder de sua negatividade.

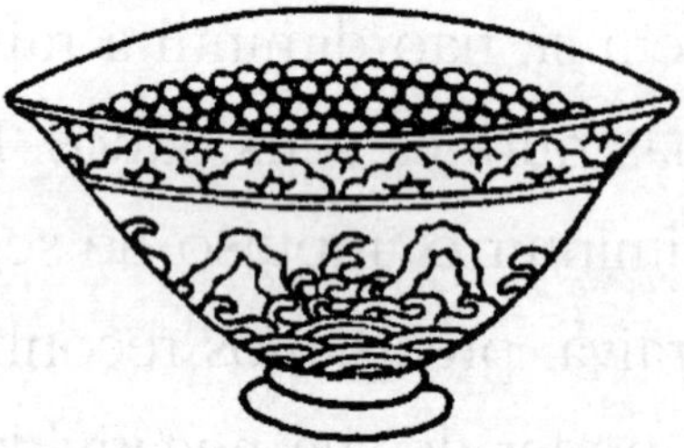

A origem da raiva está
no apego a nossas ilusões.

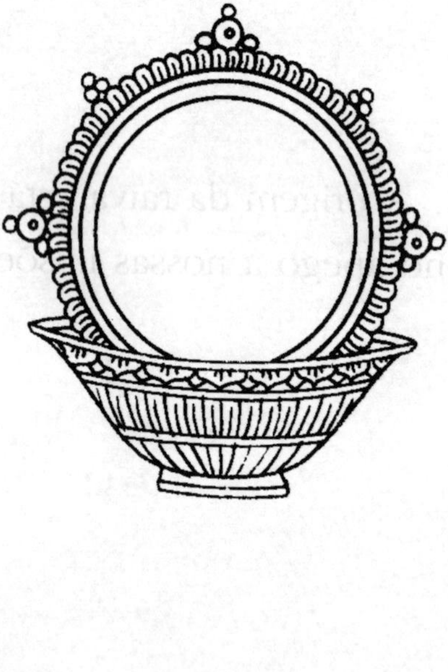

Muitas vezes não nos
damos conta da nossa raiva,
tanta é a certeza que temos
de estar com a razão. Mas os outros
percebem que não estamos bem.
Precisamos reconhecer
as diferentes faces da nossa mente.
Num único dia, temos mais
de cem faces e gestos.

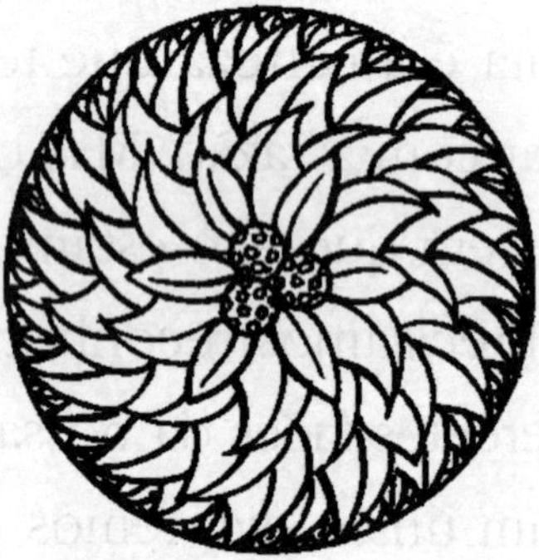

A raiva da criança
não dura tanto quanto a do adulto.
Por isso, ela não acumula tanto
karma negativo.

Se não conseguirmos
abandonar nossa raiva ou irritação,
deveremos pelo menos não levar
mais problemas para os outros.
Temos que eliminar a malícia
presente em nossa mente.

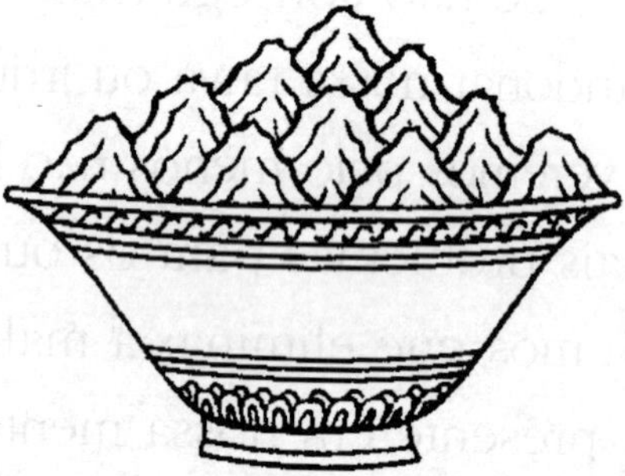

Você sabe o quanto faz o outro
sofrer pela raiva que causa nele.

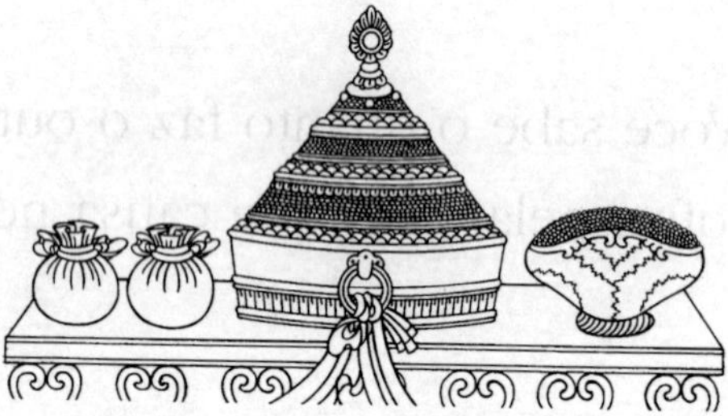

Como eliminar a raiva?
Não dando vazão para as
ações negativas do corpo,
da palavra e da mente.

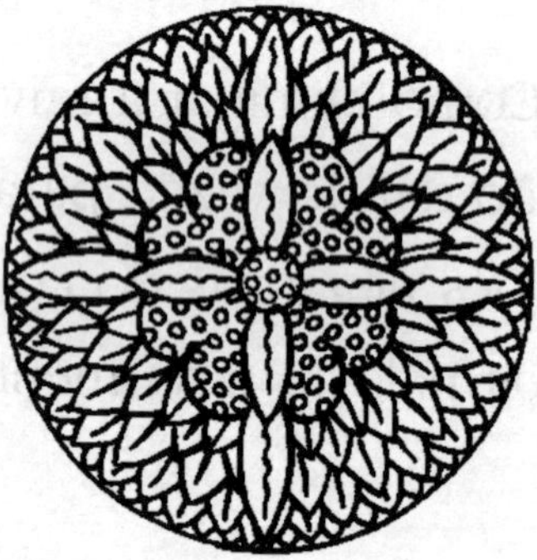

Nosso corpo está
a serviço de nossa mente.
A mente descontrolada leva
o corpo a ter atitudes
destrutivas.

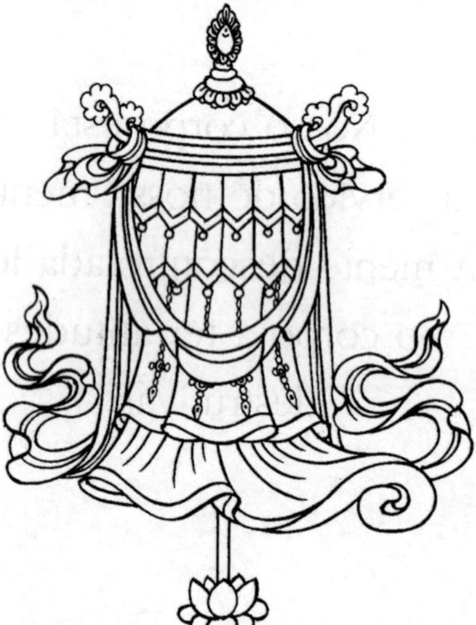

Certa vez perguntei ao Rinpoche: "Como lidar com uma pessoa agressiva?" Ele respondeu: "Quando alguém for agressivo com você, continue agindo normalmente. Dentro de você tudo deve continuar normal".

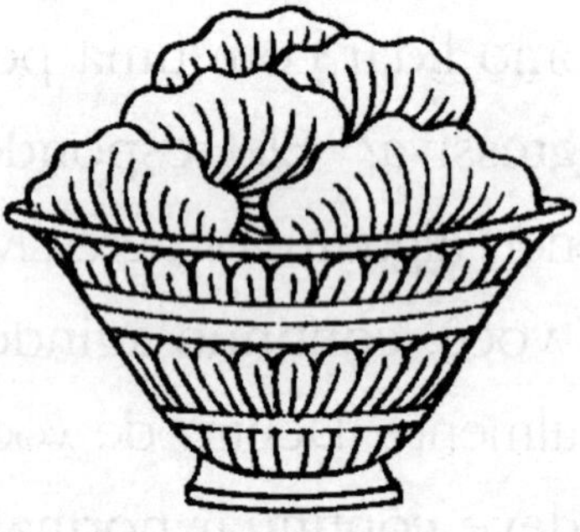

Assim como podemos
sentir a dor do apego e da
ansiedade tocando nosso corpo,
também podemos sentir a energia
espiritual chegando até nós.
Tudo depende da nossa mente.

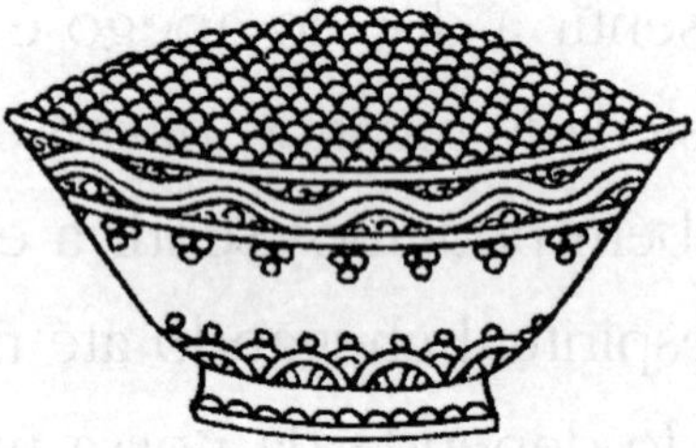

O que determina o karma
é a motivação para as ações
do corpo, da palavra e da mente.
Por isso, nunca podemos julgar
as ações de alguém sem saber
o que realmente as motivou.

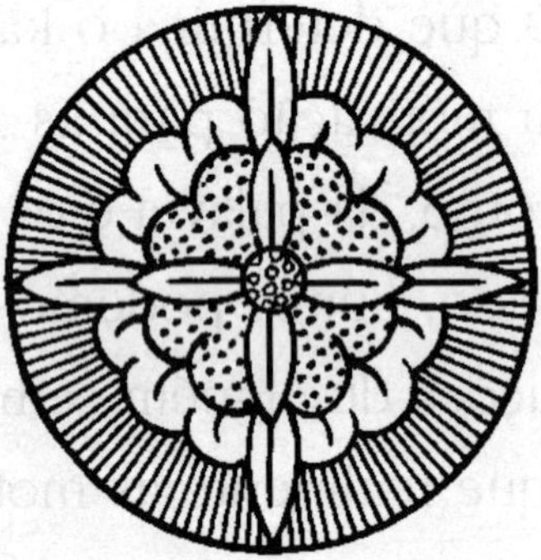

O fato de não expressar
a raiva não é problema.
O que deixa alguém doente
é o desejo intenso de expressá-la.
É do apego a esse desejo que
a gente deve se livrar.

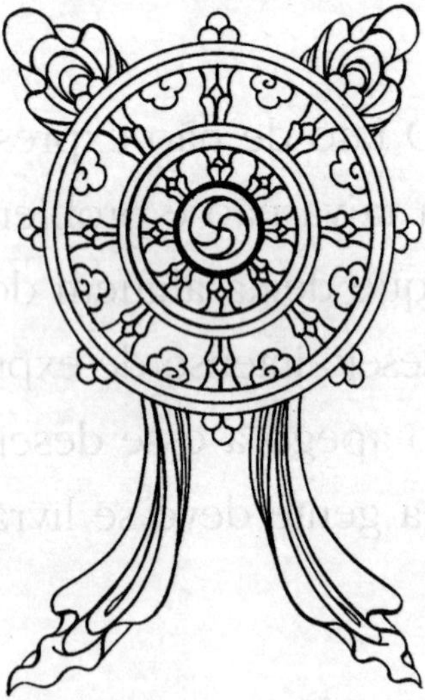

Para resolver uma situação
de desentendimento com uma
pessoa, Rinpoche aconselha que
a procuremos três vezes:
"Na primeira vez, você demonstra
interesse em reatar com ela.
Se não tiver sucesso, deve
procurá-la de novo para mostrar
que superou o orgulho.
Se mesmo assim não houver
comunicação, deve procurá-la
pela terceira vez, para deixar
claro que você de fato tentou
e que agora a reparação fica
a cargo dela".

Nossos inimigos são as desilusões
e não quem nos desiludiu.

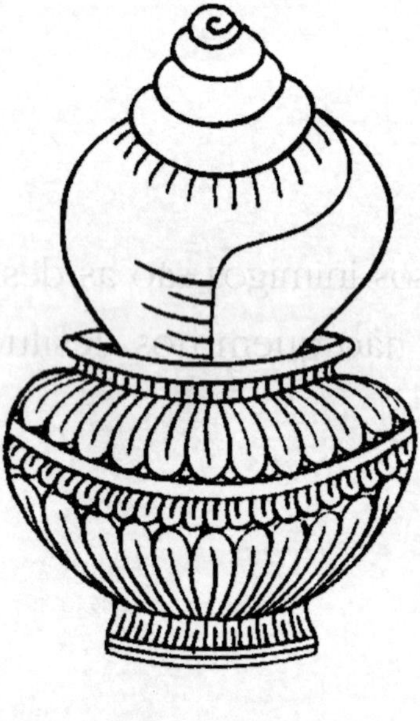

Sentir regozijo
é um investimento espiritual que
ninguém pode impedir.

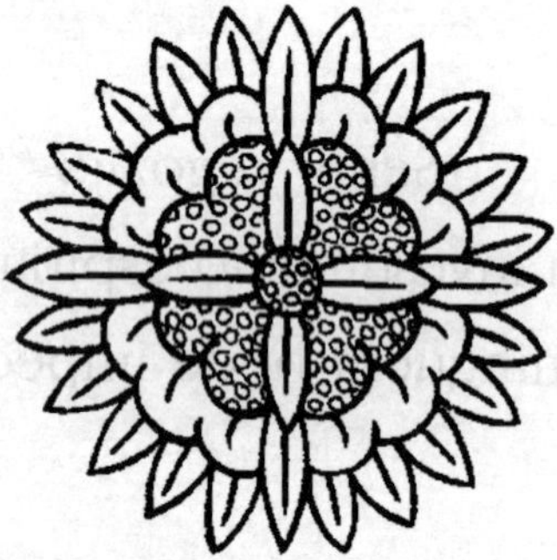

Tudo pode se converter
em Dharma, em crescimento
espiritual, conforme nossa
motivação.

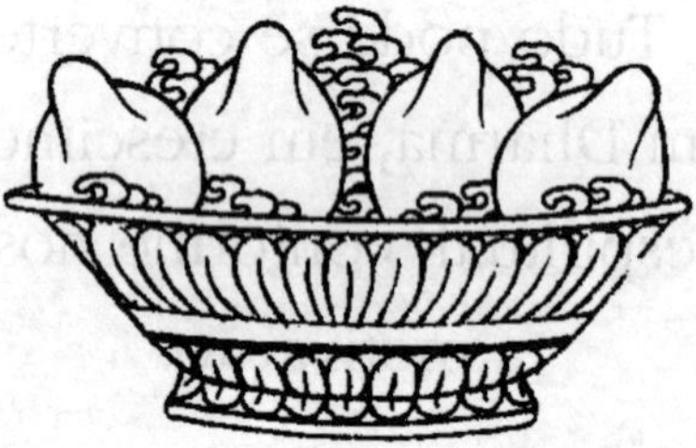

Meditar é fazer algo
verdadeiramente útil em
nossa vida.

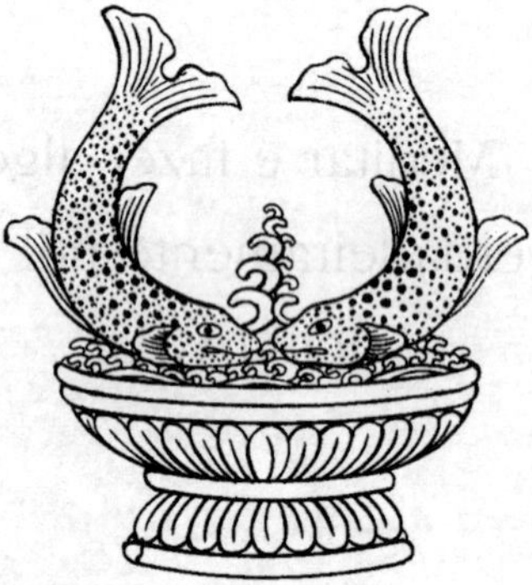

Meditar na postura
dos sete gestos leva-nos a superar
a dúvida, a suspeita e a raiva:
pernas em lótus ou médio-lótus;
mão direita sobre a esquerda,
com os polegares unidos; coluna
ereta; cabeça levemente inclinada;
pálpebras levemente abaixadas;
língua tocando levemente
o céu da boca; boca solta.

No lançamento do livro
Autocura I, Rinpoche disse:
"Através dos mantras podemos
chamar nossa mente para 'casa'.
Criando uma 'casa confortável',
conseguimos deixar a mente
'dentro do nosso corpo' sem se
distrair com os nossos cinco
sentidos. Essa é a verdadeira
concentração".

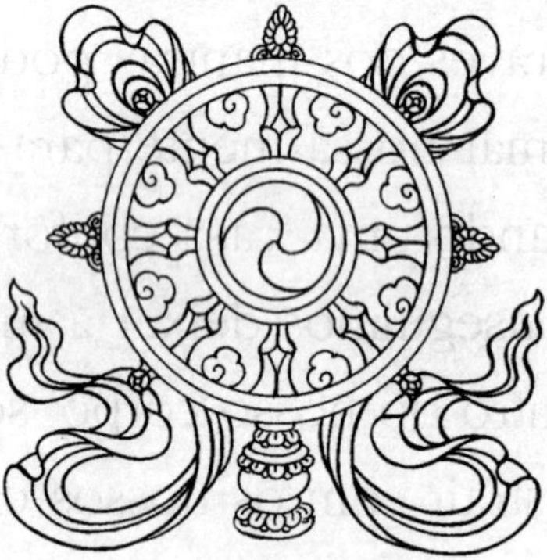

Ouvimos os ensinamentos
do Dharma, compreendemos
as palavras, mas, como temos
a mente sutil adormecida, não
compreendemos o significado
das mensagens. Precisamos acordar
a mente sutil. Concentração
é mente desperta.

É bom recitar mantras
enquanto fazemos uma coisa
ou outra. Isso deixa a mente mais
estável e ajuda a ter boa
concentração. Assim não nos
esqueceremos das coisas ou do
que íamos fazer.

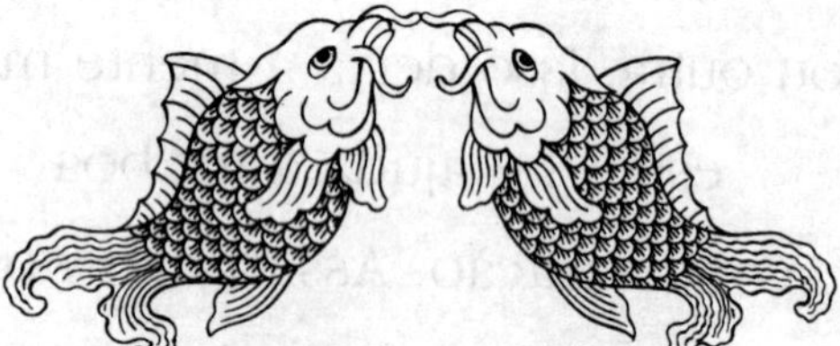

É necessário
repetir para mudar.
Daí a importância de recitar
os mantras.

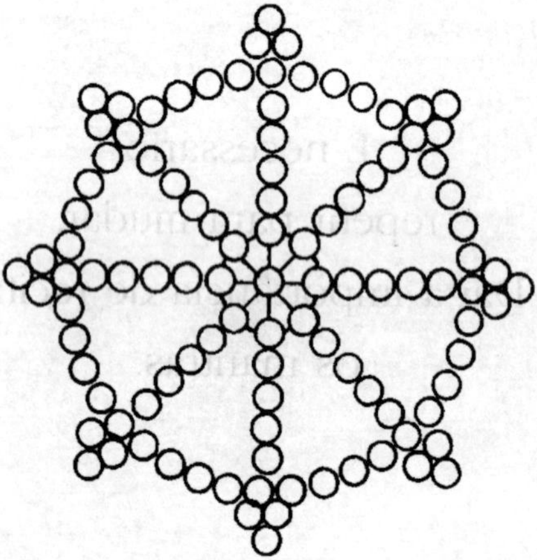

Recitar o mantra de Vajrasattva
purifica os obstáculos
e as negatividades que impedem o
autoconhecimento.
As negatividades são criadas
por nossas projeções ilusórias,
pela ausência de fé e de
confiança.

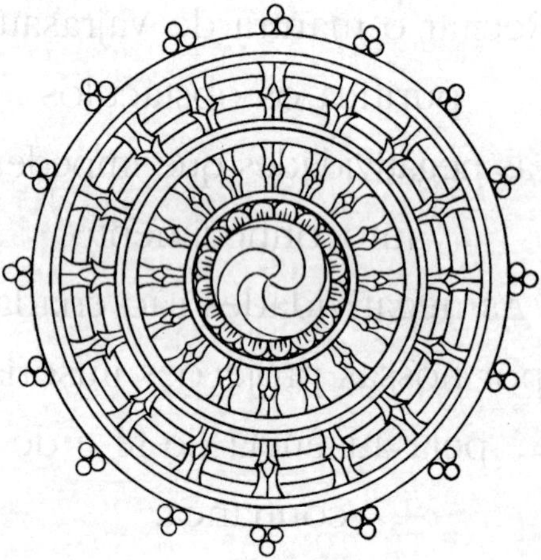

Um dia de jejum e silêncio.
Por quê?
Se aprendermos a controlar o corpo e a fala, será mais fácil controlar a mente.

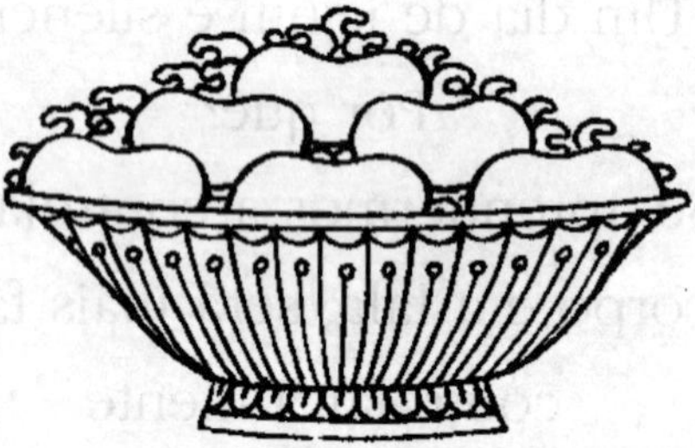

Sofremos porque temos
uma visão dual da realidade.
Estamos sempre julgando
e criando contradições.
Isso acontece porque somos
constantemente movidos por
dois sentimentos: medo
e esperança. O caminho
espiritual leva-nos a viver além
do medo e da esperança.

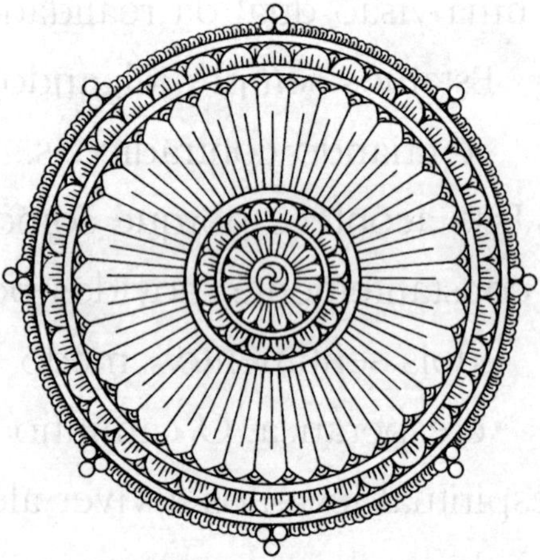

Durante uma iniciação, disse
Guelek Rinpoche:
"Não perca o interesse
pela vida, mas encontre um
significado para ela.
Deixe de viver como um zumbi,
embriagado por uma *overdose*
de atividades externas,
e resgate sua dignidade de ser
humano".

Refletir sobre
a impermanência nos traz
energia para meditar.

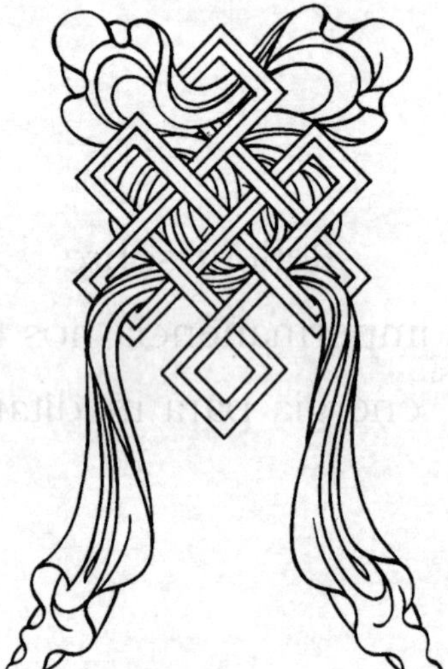

Refletir sobre
a impermanência é refletir
sobre a preciosa oportunidade
de estar vivo.

Certa vez ouvi uma
pessoa lamentar com o Lama Zopa
que não conseguia ter dinheiro.
Ele disse: "Você precisa fazer mais
doações, pois, se pensar que nunca
tem nada para oferecer, estará
sempre recriando *imprints*
de pobreza na mente.
Comece a dar e vai descobrir
que tem".

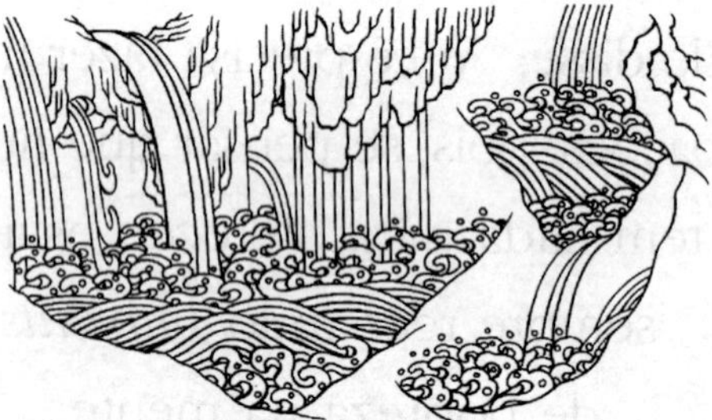

Oferecer um pouco de água
em um pequeno altar todas
as manhãs é muito bom e aumenta
as nossas qualidades positivas.
Como temos água em abundância,
podemos oferecê-la sem apego.
Esse é um bom treinamento para
a verdadeira generosidade.

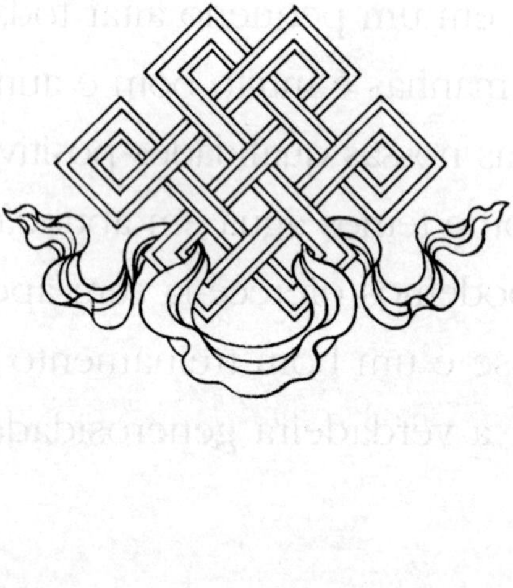

Fé é a intensificação
do interesse constante.

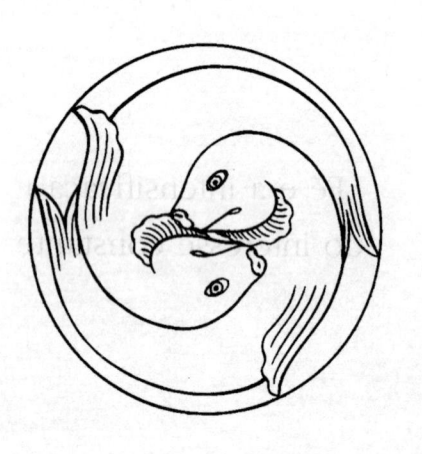

Rinpoche sempre diz:
"Substitua a palavra problema
por pequenas dificuldades".

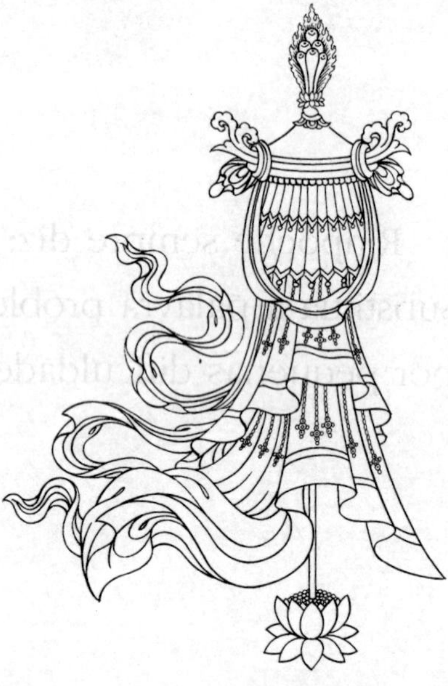

Muitas vezes, ao rompermos
um hábito físico ou mental que
nos prejudicava, ficamos
preocupados com toda
a negatividade que foi acumulada
até então. A decisão interior
purifica a negatividade
instantaneamente e transforma
a escuridão em luz. Por isso, aceitar
a mudança é um bem precioso.
Sabemos o quanto estamos
purificados pelo alívio que
passamos a sentir.

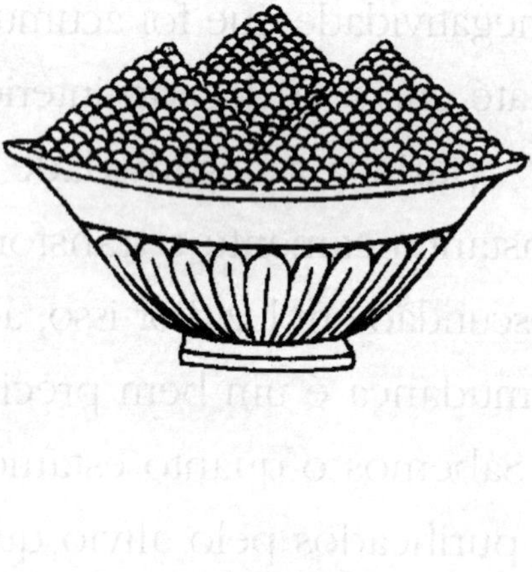

O melhor que podemos
fazer por uma pessoa é dar
a ela a oportunidade
de nos oferecer o que tem
de melhor.

Estava vivendo um relacionamento difícil com um companheiro. Em alguns momentos seu coração estava aberto e, em outros, fechado. Perguntei ao Rinpoche o que fazer. Ele disse: "Quem manda no seu coração? Se seu companheiro está com o coração fechado, mantenha o seu aberto! É só assim que a energia trabalha positivamente, mudando as coisas para melhor".

Comentários

por Gueshe Ngawang Sherab

Karma

– É a lei das causas e seus efeitos.
Todas as ações, do corpo, da palavra
e da mente, causam reações imediatas
ou futuras.

Dharma

– É tudo o que nos segura
para não cairmos na negatividade.
Nesse sentido, é uma proteção.

Meditação

– É uma prática de reflexão. Ao contrário do que comumente pensamos, a meditação não é um exercício mental de intelectualização. Ao meditarmos, criamos espaço para a mente, que na maioria das vezes está repleta de pensamentos. Tornamo-nos mais flexíveis quando nos livramos de ideias fixas e jogos mentais.

Nesse espaço interno podemos mover a mente de maneira natural, livre da artificialidade criada pelos conceitos do intelecto. Por isso, diz-se que a meditação não foi criada para sustentar uma ação e não é apenas mais uma artimanha do intelecto. Qualquer ação pode se tornar, também, uma meditação. Meditar é acostumar a mente com um objeto positivo.

Mantra

– Fórmula supercondensada de sons
que transmite uma mensagem espiritual.

Nirvana

– É o estado de ausência total
de conflitos que atingimos quando
solucionamos todas as contradições da mente.
Se entendermos o verdadeiro significado
do nirvana, ele estará perto de nós.

Práticas de Purificação

– Purificar significa corrigir algo. Essa correção
só será possível se, em primeiro lugar,
reconhecermos e entendermos que o que
fizemos estava errado. E, em segundo,
se criarmos a determinação de não
repetir o erro.

Samsara

– É a condição atual em que nos
encontramos, cheia de contradições.
Se não houvesse remédio para sairmos
dessa condição, ela seria insuportável.
Quando entendemos que é possível sair
dessa confusão através do esforço,
até mesmo estar no samsara
torna-se suportável.

Posfácio

Os ensinamentos deste oráculo foram transmitidos pela última geração de Lamas nascidos no Tibete. Agora estamos tendo a preciosa oportunidade de conhecê-los e testemunhar os primeiros reconhecimentos de Lamas reencarnados no Ocidente – caso do Lama Michel Rinpoche, brasileiro entronado aos 13 anos, em julho de 1994, no Monastério de Sera Me, na Índia.

Após a invasão do Tibete pelos chineses, em 1959, os Lamas tibetanos refugiaram-se no Ocidente. Expressão viva do budismo, seus ensinamentos foram rapidamente aceitos e assimilados na Europa, nas Américas do Norte e do Sul e na Austrália.

Para muitos o budismo é visto mais como um sistema psicológico do que uma religião. Um sistema que requer um exame inteligente de seus ensinamentos, não uma cega aceitação. Por dar grande ênfase à experiência, o Budismo Tibetano, apesar de complexo, é ao mesmo tempo simples e direto quando praticado dia a dia. É um modo de vida que não nega o sofrimento, mas ensina como transformá-lo em autoconhecimento e paz interior. O

budismo pode beneficiar qualquer pessoa, pois responde às nossas demandas urgentes de paz interior e exterior. Artistas, educadores, médicos, terapeutas, empresários e cientistas têm ampliado suas áreas de atuação e conhecimento profissional ao incluir essa filosofia em sistemas de trabalho.

A primeira visita do Lama Gangchen Rinpoche ao Brasil, em 1987, abriu as portas para o Budismo Tibetano em nosso país. Em 1988, com a fundação do Centro de Dharma da Paz Shi De Choe Tsog, em São Paulo, outros importantes Lamas tibetanos vieram nos visitar para difundir essa filosofia.

O Lama Gangchen Rinpoche nasceu no Tibete em 1941. Detentor de uma longa linhagem de mestres tântricos que possuem o poder de cura, conhece profundamente a relação de interdependência entre corpo e mente.

Benéfico como a lua crescente, o Lama Gangchen nos transmite os antigos ensinamentos de Buddha de acordo com a necessidade de cada um.

Espero que este oráculo crie condições favoráveis para que Lama Gangchen Rinpoche, Lama Michel Rinpoche e todos os mestres possam realizar o desejo de conduzir todos os seres à felicidade imutável.

Bel Cesar
São Paulo, julho de 1995

Informações sobre o trabalho de
Lama Gangchen Rinpoche no Brasil:

Centro de Dharma da Paz Shi De Choe Tsog
Rua Apinajés, 1861
01258-001 – São Paulo – SP
Telefax: (011) 3871-4827
www.centrodedharma.com.br
e-mails para contato:
info@centrodedharma.com.br
belcesar@terra.com.br

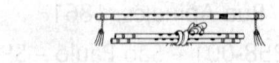

© **Isabel Villares Lenz Cesar, 2002**
2ª Edição, Editora Gaia, 2003
1ª Reimpressão, 2020

Jefferson L. Alves – diretor editorial
Richard A. Alves – diretor comercial
Flávio Samuel – gerente de produção
Ana Cristina Teixeira – coordenação de revisão
Eduardo Okuno – projeto gráfico
Antonio Silvio Lopes – editoração eletrônica

Na Editora Gaia, publicamos livros que refletem nossas ideias e valores: Desenvolvimento humano / Educação e Meio Ambiente / Esporte / Aventura / Fotografia / Gastronomia /Saúde / Alimentação e Literatura infantil.

Obra atualizada conforme o
NOVO ACORDO ORTOGRÁFICO DA LÍNGUA PORTUGUESA.

**Dados Internacionais de Catalogação na Publicação (CIP)
(Câmara Brasileira do Livro, SP, Brasil)**

Gangchen Tulku, Rinpoche
Oráculo 1 : Lung Ten : 108 predições do Lama Gangchen Rinpoche e de outros mestres do budismo tibetano para ler, escutar, refletir e meditar / Gangchen Tulku Rinpoche ; compilado por Bel Cesar. – 2. ed. – São Paulo : Gaia, 2003.

ISBN 978-85-7555-011-3

1. Autoconhança 2. Budismo – Tibete 3. Orientação (Religião) I. Cesar, Isabel Villares Lenz. II. Título. III. Título: 108 predições do Lama Gangchen Rinpoche e de outros mestres do budismo tibetano para ler, escutar, refletir e meditar.

03-1991 CDD-294.3923

Índice para catálogo sistemático:

1. Orientações pessoais : Budismo tibetano : Religião   294.3923

gaia
editora

Direitos Reservados

editora gaia ltda.
Rua Piratininga, 111-A – Liberdade
CEP 01508-020 – São Paulo – SP
Tel.: (11) 3277-7999
e-mail: gaia@editoragaia.com.br
www.editoragaia.com.br

Colabore com a produção científica e cultural.
Proibida a reprodução total ou parcial desta obra sem a autorização do editor.

Nº de Catálogo: 2366